Geschichten auf Spanisch
Niveau B1-B2 - Buch 1
- MIT AUDIO -

Für Spanischlerner entwickelt

Lade deine Audio-Dateien herunter:

Schritt 1: Gehe auf Esidioma.com/extras

Schritt 2: Trage den folgenden Code ein:

ksVho

Bei Fragen wende dich gern an: info@Esidioma.com

esidioma.com

Índice

Lerne mit uns Spanisch!
Wir haben alles, was du zur Verbesserung deiner
Sprachkenntnisse brauchst

Copyright © Esidioma
Texte: José Antonio Santiago
Gestaltung: Esidioma Team
Bilder: pexels.com
ISBN - 978-84-16971-85-5
Pflichtexemplarnummer - AS 02222-2024

Un buen vino
Ein guter Wein

Vocabulario

1.	humilde	bescheiden
2.	sobrevivir	überleben
3.	hombre de negocios	Geschäftsmann
4.	fortuna	Vermögen
5.	carta	Brief
6.	eternidad	Ewigkeit
7.	logro	Erfolg
8.	celebrar	feiern
9.	desaparecer	verschwinden
10.	sonrisa	Lächeln
11.	preocuparse	sich Sorgen machen
12.	sorbo	Schluck
13.	tranquilizarse	sich beruhigen
14.	respirar	atmen
15.	encantado	erfreut
16.	esposa	Ehefrau
17.	marido	Ehemann
18.	copa	Glas (Wein)
19.	probar	probieren
20.	olvidarse	vergessen
21.	traer	bringen, holen
22.	intento	Versuch
23.	abrazar	umarmen
24.	disfrutar	genießen
25.	siguiente	nächster

Un buen vino

En una pequeña aldea entre las montañas, vivía un humilde agricultor. Su día a día consistía en trabajar duramente y sobrevivir con poco dinero. Su hermano, en cambio, era un hombre de negocios que, después de muchos años viviendo en la gran ciudad, había adquirido una gran fortuna.

Un día, el campesino recibió una carta:

"Querido hermano, hace una eternidad que no sé nada de ti. ¡Qué ganas tengo de verte! ¿Te has convertido ya en el agricultor más rico de la región? Estoy seguro de ello y, por eso, voy a visitarte la semana que viene. Vamos a celebrar tus logros y brindar por ello con un buen vino".

Ein guter Wein

In einem kleinen Dorf zwischen den Bergen lebte ein bescheidener Bauer. Sein Alltag bestand darin, hart zu arbeiten und mit wenig Geld zu überleben. Sein Bruder hingegen war ein Geschäftsmann, der nach vielen Jahren in der Großstadt ein großes Vermögen erworben hatte.

Eines Tages erhielt der Bauer einen Brief:

»Lieber Bruder, ich habe seit Ewigkeiten nichts von dir gehört. Ich kann es kaum erwarten, dich zu sehen! Bist du inzwischen reichste Bauer der Region? Dessen bin ich mir sicher und deshalb werde ich dich nächste Woche besuchen. Lass uns deinen Erfolg feiern und mit einem guten Wein darauf anstoßen.«

El hombre se alegró de inmediato. Sin embargo, poco a poco, su sonrisa fue desapareciendo y comenzó a preocuparse, ya que no quería que su hermano descubriera la realidad de su humilde vida.

—Tranquilízate, mi amor —le dijo su mujer, que siempre tenía soluciones para todo—. Tengo un plan magnífico para impresionar a tu hermano.

El día de la visita, todo fue de maravilla. El hombre de negocios estaba encantado de volver a respirar aire limpio. Al llegar a casa, se sentaron a la mesa a comer queso y fruta fresca. Entonces, la esposa del campesino se levantó:

—Querido, te has olvidado del vino —dijo la mujer y se fue a la cocina. Unos segundos después, volvió con una copa de vino y se la ofreció a su marido—. Pruébalo. ¿Te parece que es lo bastante bueno para tu hermano?

Der Mann freute sich zunächst. Doch nach und nach verschwand sein Lächeln und er begann sich Sorgen zu machen, da er nicht wollte, dass sein Bruder die Realität seines bescheidenen Lebens sah.

»Beruhige dich, Schatz«, sagte seine Frau, die immer eine Lösung für alles hatte. »Ich habe einen hervorragenden Plan, um deinen Bruder zu beeindrucken.«

Am Tag des Besuchs verlief alles wunderbar. Der Geschäftsmann freute sich, wieder frische Luft zu atmen. Als sie im Haus ankamen, setzten sie sich an den Tisch und aßen Käse und frisches Obst. Da stand die Bäuerin auf:

»Liebling, du hast den Wein vergessen«, sagte die Frau und ging in die Küche. Ein paar Sekunden später kam sie mit einem Glas Wein zurück und bot es ihrem Mann an. »Probier mal. Glaubst du, der ist gut genug für deinen Bruder?«

—Vamos a ver —dijo el hombre mientras daba un pequeño sorbo—. No está mal, pero lo tenemos mejor. Vete a la cocina y tráeme otro.

La esposa regresó con otra copa de vino, pero a su marido tampoco le gustó. Y la siguiente, tampoco. Finalmente, después de varios intentos, el agricultor se alegró:

—¡Ahora sí! ¡Trae la botella! Prueba, hermanito. En la ciudad no tenéis nada parecido, ¿verdad?

—¡Qué razón tienes! ¡Qué bueno está este vino! —dijo el hermano con una gran sonrisa.

A la mañana siguiente, al despedirse, el hombre de negocios abrazó con fuerza a su hermano:

—¡Tú sí que sabes disfrutar de la vida! Aire limpio, comida deliciosa… ¡y menuda selección de vinos!

El campesino y su mujer se alegraron de ver que su plan funcionó: en realidad, no tenían más que una botella de vino.

»Mal sehen«, sagte der Mann und trank einen kleinen Schluck. »Nicht schlecht, aber wir haben Bessere. Geh in die Küche und hol mir einen anderen.«

Die Frau kam mit einem anderen Glas Wein zurück, aber auch dieser schmeckte ihrem Mann nicht. Und der nächste ebenfalls nicht. Nach mehreren Versuchen war der Bauer schließlich zufrieden:

»Der ist es! Bring die Flasche her! Probier mal, lieber Bruder. Sowas habt ihr in der Stadt nicht, stimmt's?«

»Du hast recht! Dieser Wein ist ausgezeichnet!«, sagte der Bruder mit einem breiten Lächeln.

Am nächsten Morgen umarmte der Geschäfts-mann seinen Bruder beim Abschied fest:

»Du weißt, wie man das Leben genießt! Saubere Luft, leckeres Essen... und eine tolle Weinsammlung!«

Der Bauer und seine Frau waren froh, dass ihr Plan aufgegangen war: In Wirklichkeit hatten sie nur eine Flasche Wein.

Ejercicios

---

1 ¿Verdadero (V) o falso (F)?
Wahr oder falsch?

1. Hacía una eternidad que los hermanos no se veían.
2. El campesino había logrado grandes cosas en la aldea.
3. Al hombre de negocios no le gustaba el vino que probaba.
4. El campesino quería impresionar a su hermano.
5. El plan del campesino y su esposa funcionó.
6. El campesino teniá una buena selección de vinos.

2 Escoge la preposición correcta:
Wähle die richtige Präposition:

1. ¡Qué ganas tengo **por / de** verte! ¿Te has convertido ya **en / a** el agricultor más rico de la región?
2. Vamos a brindar **de / por** ello con un buen vino.
3. El día de la visita todo fue **de / por** maravilla.
4. Se alegró **a / de** inmediato. Pero poco **a / por** poco, comenzó **a / de** preocuparse.
5. **Al / Por** llegar a casa, se sentaron **a / alrededor** la mesa.
6. **A / Por** la mañana siguiente, el hombre de negocios abrazó **con / por** fuerza a su hermano.

3 Completa las frases con las siguientes palabras:
Vervollständige die Sätze mit den angegebenen Wörtern:

cambio / humilde / eternidad / impresionar /
respirar / descubriera / soluciones / fortuna

1. Tengo un plan para _____ a tu hermano.
2. No quería que su hermano _____ la realidad de
su _____ vida.
3. Hace una _____ que no nos vemos.
4. En _____ , su hermano había adquirido una gran ____ .
5. Su esposa tenía _____ para todo.
6. Estaba encantado de volver a _____ aire limpio.

4 Combina las columnas:
Verbinde die Spalten:

1. El campesino se alegró de   a. parecido
2. El hombre dio un pequeño   b. inmediato
3. En la ciudad no tenéis nada   c. logros
4. Tú sabes disfrutar de la   d. vida
5. Vivía en una aldea entre las   e. sorbo
6. Vamos a celebrar tus   f. montañas

Soluciones

Ejercicio 1: 1-V, 2-F, 3-F, 4-V, 5-V, 6-F
Ejercicio 2: 1-de, en 2-por, 3-de, 4-de, a, a, 5-Al, a, 6-A, con
Ejercicio 3: 1-impresionar, 2-descubriera, humilde, 3-eternidad,
4-cambio, fortuna, 5-soluciones, 6-respirar
Ejercicio 4: 1-b, 2-e, 3-a, 4-d, 5-f, 6-c

Trabajo en equipo
Teamwork

Vocabulario

1. remoto	abgelegen
2. lobo	Wolf
3. valiente	mutig
4. juventud	Jugend
5. cazador	Jäger
6. inexperto	unerfahren
7. ruido	Geräusch, Knurren
8. estómago	Magen
9. presa	Beute
10. conejo	Kaninchen
11. rebaño	Herde
12. atrapar	fangen
13. mordisco	Biss
14. oveja	Schaf
15. delgado	dünn, dürr
16. exhausto	erschöpft
17. zarpa	Pfote
18. seta	Pilz
19. ciervo	Hirsch
20. víctima	Opfer
21. sigiloso	unauffällig schleichend
22. peligro	Gefahr
23. persecución	Verfolgungsjagd
24. suspirar	seufzen
25. pastar	grasen

Trabajo en equipo

En un remoto bosque, alejado de la ciudad, vivía un joven lobo. Era muy rápido y valiente, aunque, debido a su juventud, aún era un cazador inexperto.

Una mañana, mientras paseaba por la orilla del río, sintió un ruido en el estómago. "¡Qué hambre tengo! Es hora de buscar una presa", pensó y comenzó a observar a su alrededor.

Al poco tiempo, sus ojos se posaron sobre un conejo que estaba comiendo hierba junto a un árbol. En un abrir y cerrar de ojos, el lobo saltó sobre él, lo atrapó y abrió la boca para dar el primer mordisco. Sin embargo, en ese preciso instante, el lobo vio una oveja a lo lejos. "¡Un momento!", pensó el lobo "Este conejo

Teamwork

In einem abgelegenen Wald, weit weg von der Stadt, lebte ein junger Wolf. Er war sehr schnell und mutig, doch aufgrund seiner Jugend war er noch ein unerfahrener Jäger. Eines Morgens, als er am Flussufer entlang spazierte, verspürte er ein Knurren in seinem Magen. »Ich bin so hungrig! Es ist Zeit, nach Beute zu suchen«, dachte er und begann sich umzusehen.

Alsbald fiel sein Blick auf ein Kaninchen, das neben einem Baum Gras fraß. Im Handumdrehen sprang der Wolf auf es zu, fing es und öffnete sein Maul zum ersten Biss. Doch genau in diesem Moment sah der Wolf in der Ferne ein Schaf. »Moment mal!«, dachte der Wolf. »Dieses Kaninchen ist sehr dürr. Warum sollte ich

está muy delgado. ¿Por qué debería perder el tiempo comiendo este saco de huesos, cuando puedo devorar esa enorme oveja?".

Sin pensarlo más, soltó al asustado conejo y se lanzó en dirección a la oveja. El pobre animal no tuvo tiempo para reaccionar. En unos pocos segundos, las zarpas del lobo estaban rodeándole el cuello. El fiero animal abrió las mandíbulas con la intención de dar un mordisco mortal. Sin embargo, justo en ese instante, un precioso ciervo pasó dando saltos. "No hay duda de que esa es una presa más sabrosa que esta simple oveja", pensó el lobo y empezó a correr tras su nueva víctima.

El lobo trató de ser lo más sigiloso posible, pero el ciervo sintió el peligro a tiempo y aceleró la marcha. Entonces, el lobo inició la persecución de su presa, aunque no fue rival para el veloz ciervo. Al poco tiempo,

Zeit damit verschwenden, diesen Beutel mit Knochen zu essen, wenn ich dieses riesige Schaf verschlingen kann?«

Ohne weiter nachzudenken, ließ er das verängstigte Kaninchen los und lief in Richtung des Schafs. Das arme Tier hatte keine Zeit, zu reagieren. In wenigen Sekunden hatte der Wolf ihm seine Pfoten um den Hals gelegt. Das wilde Tier riss seine Kiefer auf, um einen tödlichen Biss auszuteilen. Just in jenem Moment sprang jedoch ein wunderschöner Hirsch vorbei. »Das ist zweifellos eine schmackhaftere Beute ist als dieses einfache Schaf«, dachte der Wolf und begann, seinem neuen Opfer nachzulaufen.

Der Wolf schlich sich so unauffällig wie möglich heran, doch der Hirsch erkannte rechtzeitig die Gefahr und sprintete los. Da jagte der Wolf seiner Beute hinterher, doch er war dem flinken Hirsch nicht gewachsen. Bald

tuvo claro que no iba a lograr su objetivo. "No pasa nada", suspiró el lobo. "La oveja tampoco es una mala opción".

Así que, volvió sobre sus pasos en busca de su presa. Lamentablemente, la oveja había salido corriendo en dirección a su rebaño y estaba pastando felizmente junto a su pastor. "No importa, aún me queda el conejo", sonrió el lobo y se fue alegremente hacia el árbol donde lo había visto unos minutos antes. Por desgracia, al llegar, se encontró con que allí ya no había nadie. Exhausto y hambriento, el pobre lobo se sentó bajo el árbol y empezó a comer setas.

No muy lejos de ahí, el conejo, la oveja y el ciervo, charlaban alegremente:

—¡Muy bien hecho amigos míos! —exclamó el conejo—. Si seguimos trabajando en equipo como hoy, el lobo se hará vegetariano en nada.

darauf wurde ihm klar, dass er sein Ziel nicht erreichen würde. »Macht nichts«, seufzte der Wolf. »Das Schaf ist auch keine schlechte Wahl.«

Also ging er zurück und suchte seine Beute. Leider war das Schaf in Richtung seiner Herde davongelaufen und graste nun zufrieden neben seinem Hirten. »Egal, ich habe immer noch das Kaninchen«, lächelte der Wolf und ging beschwingt zu dem Baum, wo er es wenige Minuten zuvor gesehen hatte. Er musste jedoch enttäuscht feststellen, dass dort niemand mehr war. Erschöpft und hungrig setzte sich der arme Wolf unter den Baum und begann, Pilze zu fressen.

Nicht weit von dort plauderten das Kaninchen, das Schaf und der Hirsch vergnügt miteinander:

»Sehr gut gemacht, Freunde!«, rief das Kaninchen. »Wenn wir weiter so wie heute als Team zusammenarbeiten, wird der Wolf in kürzester Zeit zum Vegetarier.«

Ejercicios

1 ¿Verdadero (V) o falso (F)?
Wahr oder falsch?

1. El joven lobo era un cazador inexperto.
2. El lobo no fue rival para el veloz conejo.
3. El ciervo sintió el peligro y aceleró la marcha.
4. El lobo comió a la oveja y era sabrosa.
5. Exhausto y hambriento, el lobo empezó a comer setas.
6. El conejo, la oveja y el ciervo hicieron trabajo en equipo.

2 Escoge la preposición correcta:
Wähle die richtige Präposition:

1. El lobo comenzó a observar **por / a** su alrededor.
2. Sus ojos se posaron **encima / sobre** un conejo que estaba comiendo hierba junto **de / a** un árbol.
3. Debido **a / por** su juventud, era un cazador inexperto.
4. **Sin / Por** pensarlo más, se lanzó **en / a** dirección **a / de** la oveja.
5. El lobo volvió **por / sobre** sus pasos **por / en** busca de su presa.
6. Si seguimos trabajando **en / por** equipo, el lobo se hará vegetariano **en / de** nada.

3 Completa las frases con las siguientes palabras:
Vervollständige die Sätze mit den angegebenen Wörtern:

cerrar / remoto / pasos /
rival / sigiloso / atrapó / pastando

1. En un _____ bosque vivía un joven lobo.

2. En un abrir y _____ de ojos, el lobo saltó sobre el conejo y lo _____ .

3. Trató de ser lo más _____ posible.

4. El lobo volvió sobre sus _____ en busca de su presa.

5. La oveja estaba _____ felizmente junto a su pastor.

6. El lobo no fue _____ para el veloz ciervo.

4 Combina las columnas:
Verbinde die Spalten:

1. El lobo sintió un ruido en el   a. saltos
2. Abrió la boca para dar un   b. huesos
3. No quiero comer este saco de   c. estómago
4. Un ciervo paso dando   d. alrededor
5. El lobo comenzó a observar a su   e. marcha
6. El ciervo aceleró la   f. mordisco

Soluciones

Ejercicio 1: 1-V, 2-F, 3-V, 4-F, 5-V, 6-V
Ejercicio 2: 1-a, 2-sobre, a 3-a, 4-Sin, en, a, 5-sobre, en, 6-en, en
Ejercicio 3: 1-remoto, 2-cerrar, atrapó, 3-sigiloso, 4-pasos, 5-pastando, 6-rival
Ejercicio 4: 1-c, 2-f, 3-b, 4-a, 5-d, 6-e

La caja de bombones
Die Pralinenschachtel

Vocabulario

1. vuelo	Flug
2. pasear	schlendern, spazieren
3. perfume	Parfüm
4. revista	Zeitschrift
5. banco	Bank
6. embarque	Boarding
7. mitad	Hälfte
8. descarado	frech
9. traje	Anzug
10. derecho	Recht
11. permiso	Erlaubnis
12. sonreír	lächeln
13. asombro	Erstaunen
14. partir	zerteilen
15. apresuradamente	hastig
16. agarrar	greifen, schnappen
17. enrollar	zusammenrollen
18. avergonzado	beschämt
19. levantarse	aufstehen
20. superioridad	Arroganz, Überlegenheit
21. inaudito	unerhört
22. acercarse	auf etw. zugehen, sich nähern
23. caja	Schachtel
24. sacar	herausholen
25. cerrado	zu, geschlossen

La caja de bombones

🔊 Audio 3

Una mañana como otra cualquiera, en un aeropuerto repleto de gente, una mujer esperaba su vuelo. Como tenía tiempo de sobra, decidió irse a pasear por las tiendas del aeropuerto.

A los pocos minutos, había comprado un perfume, una revista y sus bombones favoritos.

"Aún falta un buen rato para el embarque", pensó mientras se acercaba a un banco. "Vamos a leer y comer un poco de chocolate".

La mujer tomó asiento, abrió la revista y cogió un bombón de la caja. De pronto, vio cómo el hombre sentado junto a ella también cogía un bombón.

Die Pralinenschachtel

An einem gewöhnlichen Vormittag wartete eine Frau auf einem überfüllten Flughafen auf ihren Flug. Da sie noch viel Zeit hatte, beschloss sie, durch die Läden am Flughafen zu schlendern.

Innerhalb weniger Minuten hatte sie ein Parfüm, eine Zeitschrift und ihre Lieblingspralinen gekauft.

›Es dauert noch eine Weile bis zum Boarding‹, dachte sie und ging auf eine Bank zu. ›Ich werde lesen und etwas Schokolade essen.‹

Die Frau setzte sich, öffnete die Zeitschrift und nahm eine Praline aus der Schachtel. Plötzlich sah sie, wie der Mann, der neben ihr saß, ebenfalls eine Praline nahm.

"¡Pero qué hombre tan descarado!", pensó ella. "Ahí lo tienes, con ese traje caro y aire de superioridad. Y se cree con derecho a comer mis bombones sin ni siquiera pedir permiso".

La mujer miró al hombre fijamente a los ojos y, sin decir nada, cogió otro bombón. El hombre le sonrió y también cogió uno.

"¡Y encima sonríe!". La mujer no salía de su asombro. "Es inaudito que haya gente con tanta cara en este mundo".

Así estuvieron sentados media hora más. Cada vez que la mujer cogía un bombón, el hombre hacía lo mismo. Finalmente, en la caja quedaba un solitario bombón.

"Bien, ¿y ahora qué? Me pregunto qué hará ahora este tipo".

›So ein frecher Mann!‹, dachte sie. ›Sitzt da mit seinem teuren Anzug und arrogantem Ausdruck. Und er glaubt, er hätte das Recht, meine Pralinen zu essen, ohne überhaupt um Erlaubnis zu fragen.‹

Die Frau starrte dem Mann in die Augen und nahm sich, ohne etwas zu sagen, eine weitere Praline. Der Mann lächelte sie an und nahm ebenfalls eine.

›Er lächelt auch noch!‹ Die Frau war fassungslos. ›Unerhört, dass es auf dieser Welt solch unverfrorene Menschen gibt.‹

So saßen sie noch eine halbe Stunde da. Jedes Mal, wenn die Frau eine Praline nahm, tat der Mann dasselbe. Schließlich befand sich nur noch eine einzige Praline in der Schachtel.

›Und jetzt? Ich frage mich, was dieser Kerl jetzt macht.‹

El hombre tomó el último bombón, lo partió en dos y se comió una mitad.

"¡Esto es el colmo! Y esperará que le dé las gracias por dejarme medio bombón. Ahora mismo le voy a explicar cuatro cosas".

En ese instante, una agradable voz femenina anunció el comienzo del embarque de un vuelo. El hombre se levantó apresuradamente, agarró sus cosas, dijo "hasta luego" con una sonrisa y se fue.

"¡Hasta luego, caradura!", pensó la mujer roja de ira. Estaba tan enfadada que no podía pensar en nada, ni siquiera en sus vacaciones. Enrolló la revista con fuerza y se puso a meterla en el bolso, cuando notó algo en su interior. Metió la mano y sacó... ¡su caja de bombones! La caja estaba cerrada.

"¡Madre mía! Los bombones que me comí eran los suyos. Y no me dijo nada". La mujer lo entendió todo y se sintió avergonzada.

Der Mann nahm die letzte Praline, halbierte sie und aß eine Hälfte.

›Das ist das Letzte! Jetzt soll ich ihm wahrscheinlich dafür danken, dass er mir eine halbe Praline übriggelassen hat. Jetzt werde ich ihm aber was erzählen.‹

In diesem Moment verkündete eine angenehme Frauenstimme das Boarding für einen Flug. Der Mann stand hastig auf, schnappte sich seine Sachen, sagte lächelnd ›Bis später‹ und ging.

›Bis später, unverschämter Kerl!‹, dachte sie rot vor Wut. Sie war so verärgert, dass sie an nichts denken konnte, nicht mal an ihren Urlaub. Energisch rollte sie die Zeitschrift zusammen und wollte sie in ihre Tasche stecken, als sie etwas darin bemerkte. Sie griff hinein und holte … ihre Pralinenschachtel heraus! Die Schachtel war zu.

›Ach du meine Güte! Die Pralinen, die ich gegessen habe, gehörten ihm. Und er hat nichts gesagt.‹ Die Frau verstand alles und schämte sich.

Ejercicios

1 ¿Verdadero (V) o falso (F)?
Wahr oder falsch?

1. El aeropuerto estaba repleto de gente.
2. El hombre pidio permiso para comer los bombones.
3. La mujer le dio las gracias por dejarle medio bombón.
4. Una voz femenina anunció el comienzo de un embarque.
5. "Hasta luego, caradura", le dijo la mujer al hombre.
6. Los bombones que comió la mujer eran los del hombre.

2 Escoge la preposición correcta:
Wähle die richtige Präposition:

1. La mujer no salía **de / por** su asombro.
2. Como tenía tiempo **con / de** sobra, decidió irse a pasear **en / por** las tiendas del aeropuerto.
3. Se cree **con / en** derecho **por / a** comer mis bombones.
4. El hombre tomó el bombón y lo partió **en / por** dos.
5. Ahí lo tienes, **con / sobre** ese traje caro y aire **a / de** superioridad.
6. "Falta un buen rato **antes / para** el embarque", pensó la mujer mientras se acercaba **a / por** un banco.

3 Completa las frases con las siguientes palabras:
Vervollständige die Sätze mit den angegebenen Wörtern:

repleto / apresuradamente / solitario / cualquiera /
enrolló / cara / inaudito / colmo

1. Finalmente, en la caja quedaba un _____ bombón.
2. Una mañana como otra _____ , en un aeropuerto
_____ de gente, una mujer esperaba su vuelo.
3. Es _____ que haya gente con tanta _____ en este mundo.
4. La mujer _____ la revista con fuerza.
5. El hombre se levantó _____ y se fue.
6. "¡Esto es el _____ !", pensó la mujer.

4 Combina las columnas:
Verbinde die Spalten:

1. La mujer tomó   a. gracias
2. Cogió un bombón de la   b. asiento
3. Ahora le voy a explicar cuatro   c. avergonzada
4. La mujer estaba roja de   d. caja
5. Lo entendió todo y se sintió   e. ira
6. Y esperará que le dé las   f. cosas

Soluciones

Ejercicio 1: 1-V, 2-F, 3-F, 4-V, 5-F, 6-V
Ejercicio 2: 1-de, 2-de, por, 3-con, a, 4-en, 5-con, de, 6-para, a
Ejercicio 3: 1-solitario, 2-cualquiera, repleto, 3-inaudito, cara
4-enrolló, 5-apresuradamante, 6-colmo
Ejercicio 4: 1-b, 2-d, 3-f, 4-e, 5-c, 6-a

Vecinas
Nachbarinnen

Vocabulario

1.	ardilla	Eichhörnchen
2.	hermoso	schön
3.	hogar	Zuhause
4.	regresar	zurückkommen
5.	serpiente	Schlange
6.	sorprendido	überrascht
7.	nocturno	nachtaktiv
8.	intercambio	Austausch
9.	raíz	Wurzel
10.	cigarrillo	Zigarette
11.	arder	brennen
12.	triunfante	triumphierend
13.	vecino	Nachbar
14.	abajo	unten
15.	compartir	teilen
16.	llama	Flame
17.	esfuerzo	Mühe
18.	decorar	dekorieren, einrichten
19.	huir	flüchten
20.	asustado	verängstigt, erschrocken
21.	fumar	rauchen
22.	frondoso	laubreich
23.	construir	bauen
24.	disputa	Streit
25.	arriba	oben

Vecinas

Esta historia tuvo lugar en un árbol grande y frondoso, en una de las zonas más hermosas del bosque. En su interior vivía una alegre ardilla que había decorado su hogar con un gusto exquisito. La ardilla estaba muy contenta de vivir ahí. Pero un día, al regresar de un paseo, su alegría se transformó en pesadilla, ya que alguien acaba de construir una nueva casa en las raíces de su árbol.

—¡Este árbol es mío! —gritó la ardilla—. ¿Quién se ha atrevido a construir en mi propiedad sin mi consentimiento?

La responsable de todo este caos era una serpiente que, por cierto, estaba encantada con su nuevo hogar en las raíces del árbol.

Nachbarinnen

Anmerkung: ardilla (Eichhörchen) ist weiblich. Um die Übersetzung dem Orignal anzunähern, verwenden wir im Text Eichhörnchendame.

Diese Geschichte spielte sich in einem großen, laubreichen Baum ab, in einer der schönsten Gegenden des Waldes. In dem Baum lebte eine fröhliche Eichhörnchendame, die ihr Zuhause vornehm eingerichtet hatte. Die Eichhörnchendame lebte sehr gern dort. Doch eines Tages, als sie von einem Spaziergang zurückkam, wurde aus ihrer Freude ein Albtraum: Jemand hatte ein neues Haus auf den Wurzeln ihres Baumes gebaut.

»Dieser Baum gehört mir!«, schrie die Eichhörnchendame. »Wer hat es gewagt, ohne meine Zustimmung auf meinem Grundstück zu bauen?«

Verantwortlich für das ganze Chaos war eine Schlange, die im Übrigen sehr erfreut über ihr neues Zuhause in den Wurzeln des Baumes war.

—¿Por qué te has construido una vivienda aquí sin mi permiso? —preguntó la ardilla—. ¿Acaso no ves que el árbol es mío? ¡Vete de aquí ahora mismo!

—Pero, ¿dónde está el problema? —La serpiente estaba muy sorprendida—. Tú vives arriba y yo aquí abajo. Tú sales de casa por el día y yo soy un animal nocturno. Ni te vas a dar cuenta de que vivo aquí. Además, el bosque es de todos. Yo tengo derecho a elegir dónde quiero vivir.

Después de ese intercambio de opiniones, la disputa pareció estar solucionada. Sin embargo, la ardilla no quedó nada contenta. Todos los días, al salir de su casa, pasaba junto a las raíces del árbol y pensaba: "¿Qué puedo hacer para que la serpiente se vaya de aquí?"

Un día, la solución llegó por sí sola. La ardilla estaba dando un paseo, cuando vio a un ser humano a lo lejos.

»Wieso hast du hier ohne meine Erlaubnis ein Haus gebaut?«, fragte die Eichhörnchendame. »Siehst du nicht, dass der Baum mir gehört? Hau sofort ab!«

»Wo liegt denn das Problem?« Die Schlange war sehr überrascht. »Du wohnst oben und ich hier unten. Tagsüber verlässt du das Haus und ich bin ein nachtaktives Tier. Du wirst nicht mal merken, dass ich hier wohne. Außerdem gehört der Wald allen. Ich habe das Recht, mir auszusuchen, wo ich leben möchte.«

Nach diesem Meinungsaustausch schien der Streit beigelegt zu sein. Die Eichhörnchendame war jedoch überhaupt nicht glücklich. Jeden Tag, wenn sie ihr Haus verließ, ging sie an den Baumwurzeln vorbei und dachte: »Was kann ich tun, damit die Schlange von hier verschwindet?«

Eines Tages kam die Lösung von selbst. Das Eichhörnchen ging gerade spazieren, als es in der Ferne

Estaba sentado en la hierba fumando. Sin pensarlo ni un segundo, la ardilla saltó sobre el hombre, le quitó el cigarrillo y se fue corriendo con una gran sonrisa en los labios. La ardilla llegó a su árbol y tiró el cigarrillo justo delante de la casa de la serpiente. A los pocos segundos, la hierba y las raíces del árbol empezaron a arder. La serpiente huyó asustada.

—¿Qué te parece? ¿Entiendes ahora que el árbol es mío? —preguntó la ardilla con una mirada triunfante.

—Me temo que ahora no es ni mío ni tuyo —respondió la serpiente—. Mira lo que has hecho querida vecina.

La ardilla levantó la vista y vio con horror que todo el árbol estaba en llamas. A los pocos minutos no quedó ni rastro de su precioso apartamento que tanto tiempo y esfuerzo le había costado decorar. Y todo, por no querer compartir el árbol.

einen Menschen sah. Er saß rauchend im Gras. Ohne eine Sekunde nachzudenken, sprang die Eich-hörnchendame auf den Mann, nahm ihm die Zigarette weg und rannte mit einem breiten Lächeln davon. Sie lief zu ihrem Baum und warf die Zigarette direkt vor das Haus der Schlange. Innerhalb von Sekunden brannten das Gras und die Baumwurzeln. Die Schlange flüchtete verängstigt.

»Na? Verstehst du jetzt, dass der Baum mir gehört?«, fragte die Eichhörnchendame mit triumphierendem Blick.

»Ich fürchte, jetzt gehört er weder mir noch dir«, entgegnete die Schlange. »Sieh, was du getan hast, liebe Nachbarin.«

Die Eichhörnchendame blickte auf und sah entsetzt, dass der ganze Baum brannte. Nach wenigen Minuten war von ihrer schönen Wohnung, die sie mit soviel Zeit und Mühe eingerichtet hatte, nichts mehr übrig. Und das nur, weil sie den Baum nicht teilen wollte.

Ejercicios

---

1 ¿Verdadero (V) o falso (F)?
Wahr oder falsch?

1. La ardilla vivía en las raíces del árbol.
2. La ardilla no quería compartir el árbol con la serpiente.
3. La serpiente no le había pedido permiso a la ardilla.
4. La serpiente quería asustar a la ardilla con un cigarrillo.
5. Al final, la ardilla dio su consentimiento a la serpiente.
6. A los pocos minutos, todo el árbol estaba en llamas.

2 Escoge la preposición correcta:
Wähle die richtige Präposition:

1. Ni te vas a dar cuenta **de / por** que vivo aquí.
2. ¿Quién se ha atrevido **a / con** construir **a / en** mi propiedad **sin / de** mi consentimiento?
3. Un día, la solución llegó **por / de** sí sola.
4. ¿Qué puedo hacer **por / para** que la serpiente se vaya de aquí?
5. La responsable **por / de** todo este caos era una serpiente que, **por / de** cierto, estaba contenta **por / con** su hogar.
6. La ardilla vio **con / en** horror que todo el árbol estaba **con / en** llamas.

3 Completa las frases con las siguientes palabras:
Vervollständige die Sätze mit den angegebenen Wörtern:

hogar / exquisito / acaso / ser /
arder / frondoso / rastro / raíces

1. Esta historia tuvo lugar en un árbol grande y _____ .
2. La ardilla había decorado su _____ con gusto _____ .
3. ¿ _____ no ves que el árbol es mío?
4. La ardilla vio a un _____ humano a lo lejos.
5. La hierba y las _____ del árbol empezaron a _____ .
6. A los pocos minutos no quedó ni ___ de su apartamento.

4 Combina las columnas:
Verbinde die Spalten:

1. Tú vives arriba y yo   a. nocturno
2. La serpiente huyó   b. solucionada
3. Su alegría se transformó en   c. asustada
4. Soy un animal   d. abajo
5. La disputa pareció estar   e. cigarrillo
6. La ardilla le quitó al hombre el   f. pesadilla

Soluciones

Ejercicio 1: 1-F, 2-V, 3-V, 4-F, 5-F, 6-V
Ejercicio 2: 1-de, 2-a, en, sin, 3-por, 4-para, 5-de, por, con, 6-con, en
Ejercicio 3: 1-frondoso, 2-hogar, exquisito, 3-Acaso, 4-ser, 5-raíces, arder, 6-rastro
Ejercicio 4: 1-d, 2-c, 3-f, 4-a, 5-b, 6-e

La felicidad es relativa
Das Glück ist relativ

Vocabulario

1.	anciano	alter Mann
2.	curiosidad	Neugier
3.	recurso	Mittel, Ressourcen
4.	espíritu	Geist
5.	velocidad	Geschwindigkeit
6.	conversar	sich unterhalten
7.	sendero	Weg
8.	rostro	Gesicht
9.	tristeza	Traurigkeit
10.	viajero	Reisender
11.	apenado	traurig
12.	silencio	Schweigen, Stille
13.	tonto	dumm
14.	trozo	Stück
15.	suspiro	Seufzer
16.	perder	verlieren
17.	saco	Sack
18.	desgraciado	elend
19.	ladrón	Dieb
20.	contar	erzählen, sagen
21.	lamentarse	jammern
22.	desesperado	verzweifelt
23.	hambriento	hungrig
24.	inesperado	unerwartet
25.	pertenencias	Habseligkeiten

La felicidad es relativa

Había una vez un anciano al que le apasionaba viajar. Al no contar con grandes recursos económicos, siempre viajaba a pie, lo que le permitía conocer a gente de todo tipo por el camino. Su espíritu aventurero y sus ganas de conversar y ayudar a los demás, lo llevaban a todas partes.

Un día de verano, mientras caminaba por un sendero entre dos pueblos, el anciano observó a lo lejos a un hombre sentado bajo un árbol. Su rostro reflejaba una profunda tristeza. Llevado por la curiosidad, el viajero se acercó, y con un tono amable se dirigió al hombre apenado:

Das Glück ist relativ

Es war einmal ein alter Mann, der leidenschaftlich gern reiste. Da er über keine großen finanziellen Mittel verfügte, war er immer zu Fuß unterwegs, wodurch er unterwegs viele verschiedene Menschen kennenlernen konnte. Seine Abenteuerlust, seine Suche nach Gesprächen und   sein Wunsch, anderen zu helfen, führten ihn überall hin.

Eines Sommertages, als er einen Weg zwischen zwei Dörfern entlangging, sah er in der Ferne einen Mann unter einem Baum sitzen, dessen Gesicht eine tiefe Traurigkeit spiegelte. Von Neugier getrieben, näherte sich der Reisende und wandte sich mit freundlichem Ton an den traurigen Mann:

—Buenos días, ¿le importa si me siento a descansar bajo el árbol? Llevo caminando varias horas y mis pobres piernas necesitan parar unos minutos.

—Si claro, siéntese —respondió el hombre—. No me importa lo más mínimo.

Tras varios minutos en silencio, el anciano decidió iniciar una conversación:

—Disculpe mi atrevimiento, pero algo me dice que no está pasando por su mejor momento. ¿Puedo preguntarle qué le ha ocurrido?

—No tengo motivos para estar feliz —respondió el hombre con un suspiro—. Lo he perdido todo. ¿Ve este saco? Todo lo que me queda está dentro de él: un poco de dinero, algo de ropa y un trozo de pan. No tengo nada más. ¿Cómo se puede vivir así sin sentirse desgraciado?

»Guten Morgen, kann ich mich hier hinsetzen und mich unter dem Baum ausruhen? Ich laufe seit Stunden und meine armen Beine brauchen einige Minuten Pause.«

»Klar, setzen Sie sich«, antwortete der Mann. »Das stört mich überhaupt nicht.«

Nach einigen Minuten des Schweigens beschloss der alte Mann, ein Gespräch zu beginnen:

»Entschuldigen Sie meine Dreistigkeit, aber irgendetwas sagt mir, dass Sie nicht Ihren besten Moment durchmachen. Darf ich fragen, was ihnen passiert ist?«

»Ich habe keinen Anlass, glücklich zu sein«, antwortete der Mann seufzend. »Ich habe alles verloren. Sehen Sie diesen Sack? Alles, was ich noch habe, ist darin: ein wenig Geld, ein paar Klamotten und ein Stück Brot. Ich habe nichts anderes. Wie kann man so leben, ohne sich elend zu fühlen?«

El viajero, conmovido por la historia, se puso a pensar qué hacer para ayudar. De repente, se puso en pie, agarró el saco y salió corriendo a tal velocidad, que el hombre triste no pudo reaccionar. "Qué tonto he sido al contarle dónde estaban mis cosas", se lamentó. "Ahora ni siquiera tengo el pan para cenar".

El hombre, desesperado, buscó al ladrón por el bosque durante horas, aunque todo fue en vano. Finalmente, cayó la noche. El hombre, cansado y hambriento, se sentó bajo un árbol, cerró los ojos y se puso a dormir hundido en la depresión.

A la mañana siguiente, al abrir los ojos, se encontró con una sorpresa inesperada: ¡su saco! Al abrirlo, descubrió todas sus pertenencias y una nota del anciano viajero: "Hola amigo. Aquí está el mismo saco que ayer le causaba tristeza. Pero ahora, está usted contento. Como ve, no hay que tener mucho para ser feliz".

Den Reisenden berührte die Geschichte und er überlegte, wie er helfen könnte. Plötzlich stand er auf, schnappte sich den Sack und rannte so schnell davon, dass der traurige Mann nicht reagieren konnte. »Wie dumm von mir, ihm zu sagen, wo meine Sachen sind«, jammerte er. »Jetzt habe ich nicht einmal mehr Brot zum Abendessen.«

Der verzweifelte Mann suchte stundenlang im Wald nach dem Dieb, ohne Erfolg. Schließlich brach die Nacht herein. Müde und hungrig setzte sich der Mann unter einen Baum, schloss die Augen und schlief deprimiert ein.

Als er am nächsten Morgen die Augen öffnete, erwartete ihn eine unerwartete Überraschung: Sein Sack! Darin fand er all seine Habseligkeiten und eine Nachricht des älteren Reisenden: »Hallo, Freund. Hier ist derselbe Sack, der Sie gestern traurig gemacht hat. Aber jetzt sind Sie glücklich. Wie Sie sehen, braucht man nicht viel, um glücklich zu sein.«

Ejercicios

1 ¿Verdadero (V) o falso (F)?
Wahr oder falsch?

1. El anciano contaba con grandes recursos económicos.
2. El anciano no tenía motivos para estar feliz.
3. En el saco del hombre había un poco de dinero, ropa y pan.
4. El anciano agarró el saco y salió corriendo.
5. Sin su saco, el hombre se sintió aún más triste.
6. Para ser feliz, hay que tener muchas pertenencias.

2 Escoge la preposición correcta:
Wähle die richtige Antwort:

1. **Tras / Después** varios minutos **a / en** silencio, el anciano inició una conversación.
2. Llevado **por / con** la curiosidad, el viajero se dirigió al hombre **a / con** un tono amable.
3. Sus ganas **a / de** conversar lo llevaban **a / en** todas partes.
4. **A / Por** la mañana siguiente, se encontró **a / con** una sorpresa inesperada.
5. **Por / De** repente, se puso **a / en** pie y salió corriendo **de / a** tal velocidad, que el hombre no pudo reaccionar.
6. Se sentó **bajo / debajo** un árbol y se puso a dormir hundido **a / en** la depresión.

3 Completa las frases con las siguientes palabras:
Vervollständige die Sätze mit den angegebenen Wörtern:

sendero / desgraciado / espíritu / contar /
profunda / pie / cayó / recursos / rostro

1. Al no _____ con grandes _____ económicos, siempre viajaba a _____ .
2. Estaba caminando por un _____ entre dos pueblos.
3. ¿Cómo se puede vivir así sin sentirse _____ ?
4. Finalmente, _____ la noche.
5. El anciano tenía _____ aventurero y ganas de conversar.
6. Su _____ reflejaba una _____ tristeza.

4 Combina las columnas:
Verbinde die Spalten:

1. Al anciano le apasionaba   a. tristeza
2. Conocía a gente de todo   b. pertenencias
3. El anciano se acercó al hombre   c. viajar
4. Buscó al ladrón durante   d. horas
5. En el saco estaban todas sus   e. tipo
6. Este saco ayer le causaba   f. apenado

Soluciones

Ejercicio 1: 1-F, 2-F, 3-V, 4-V, 5-V, 6-F
Ejercicio 2: 1-Tras, en, 2-por, con, 3-de, a, 4-A, con, 5-De, en, a, 6-bajo, en
Ejercicio 3: 1-contar, recursos, pie, 2-sendero, 3-desgraciado, 4-cayó, 5-espíritu, 6-rostro, profunda
Ejercicio 4: 1-c, 2-e, 3-f, 4-d, 5-b, 6-a

Un gran amigo
Ein großartiger Freund

Vocabulario

1. soleado	sonnig
2. sombra	Schatten
3. caza	Jagd
4. merecido	wohlverdient
5. león	Löwe
6. ratón	Maus
7. muerte	Tod
8. silbar	pfeifen
9. temible	furchterregend
10. cola	Schwanz
11. atreverse	etw. wagen
12. despertar	wecken
13. rugir	brüllen
14. amenazadoramente	bedrohlich
15. red	Netz
16. postre	Nachtisch
17. afilado	scharf
18. nuez	Nuss
19. alegría	Freude
20. asegurar	versichern
21. pequeñajo	kleiner Kerl
22. roedor	Nagetier
23. gracioso	lustig
24. cantar	singen
25. suelo	Boden

Un gran amigo

Era un día soleado de verano. En la sombra, bajo un árbol, dormía un león que, tras una mañana de caza, disfrutaba de un merecido descanso. Mientras tanto, no muy lejos de allí, un pequeño ratón corría y saltaba alegremente. No se había percatado de la presencia del león, así que cantaba y silbaba. De repente, el león abrió los ojos y, con una de sus temibles zarpas, agarró al ratón por la cola.

—¿Cómo te atreves a despertarme? —rugió el león amenazadoramente—. Ratoncito, eres un inconsciente. ¿Sabes? Después de una mañana de caza, creo que me apetece comer un animalito como tú de postre.

Ein großartiger Freund

An einem sonnigen Tag im Sommer schlief im Schatten unter einem Baum ein Löwe, der am Vormittag jagen war und seine wohlverdiente Ruhe genoss. Währenddessen trippelte und hüpfte nicht weit von dort ein kleiner Mäuserich fröhlich herum. Da er die Anwesenheit des Löwen nicht bemerkt hatte, sang und pfiff er. Plötzlich öffnete der Löwe die Augen und packte den Mäuserich mit einer seiner furchterregenden Pranken am Schwanz.

»Wie kannst du es wagen, mich zu wecken?«, brüllte der Löwe bedrohlich. »Kleiner Mäuserich, du bist leichtsinnig. Weißt du was? Nach der Jagd am Vormittag hätte ich, glaube ich, gerne ein kleines Tier wie dich zum Nachtisch.«

El león abrió la boca, dejando a la vista sus enormes y afilados dientes.

—¡Por favor, detente! —gritó el ratón—. ¡No me comas! ¿No sería mejor que fuéramos amigos? Así, si alguna vez estás en peligro, yo te ayudaré encantado.

—¿Cómo? ¿Yo amigo de un ratón? —se burló el león—. ¿De qué me serviría tenerte como amigo?

—Pues de mucho, te lo aseguro —se apresuró a decir el ratón—. Si me comes, nunca sabrás lo buen amigo que puedo llegar a ser.

—¡Ja, ja, ja! ¡Qué pequeñajo más gracioso! —se rió el león mientras posaba al roedor en el suelo—. Vete de aquí. Hoy es tu día de suerte.

El ratón saltó de alegría, saludó amablemente al león, y continuó su camino, cantando y silbando.

Der Löwe riss sein Maul auf und enthüllte seine riesigen, scharfen Zähne.

»Halt, bitte!«, schrie der Mäuserich. »Friss mich nicht! Wäre es nicht besser, wenn wir Freunde wären? Wenn du einmal in Gefahr gerätst, helfe ich dir gerne.«

»Wie bitte? Ich soll Freund einer Maus sein?«, spottete der Löwe. »Was würde es mir nützen, dich als Freund zu haben?«

»Nun, eine Menge, das versichere ich dir«, sagte der Mäuserich hastig. »Wenn du mich isst, wirst du nie wissen, was für ein guter Freund ich sein kann.«

»Hahaha! Was für ein lustiger kleiner Kerl!«, lachte der Löwe, als er das Nagetier auf den Boden setzte. »Hau ab. Heute ist dein Glückstag.«

Der Mäuserich sprang vor Freude auf, verabschiedete sich freundlich von dem Löwen und setzte singend und pfeifend seinen Weg fort.

Las semanas pasaron y el otoño trajo consigo el frío de las montañas. Una mañana, el ratón estaba recogiendo nueces para el invierno, cuando escuchó el rugido de un león a lo lejos. Dejando todo lo que estaba haciendo, salió corriendo a investigar.

Cuando llegó al lugar del que provenía el rugido, se encontró a su amigo el león atrapado en una red. Había caído en la trampa de unos cazadores y esperaba, rugiendo con tristeza, una muerte segura. El ratón se acercó a la red y empezó a roerla. A los pocos minutos, el león estaba libre y contento.

—¡Muchas gracias! ¡Eres un amigo de verdad!— decía el león entusiasmado mientras abrazaba a su diminuto amigo.

—Ya ves, a pesar de ser pequeño, puedo ser un gran amigo— le contaba el ratón al león, mientras se iban alejando del lugar.

Die Wochen vergingen und der Herbst brachte die Kälte der Berge mit sich. Eines Morgens sammelte der Mäuserich Nüsse für den Winter, als er in der Ferne das Brüllen eines Löwen hörte. Er ließ alles stehen und liegen und flitzte los, um zu sehen, was los war.

Als er an der Stelle ankam, von der das Brüllen kam, fand er seinen Freund, den Löwen, gefangen in einem Netz. Er war in die Falle von Jägern geraten und wartete mit traurigem Brüllen auf den sicheren Tod. Der Mäuserich näherte sich dem Netz und begann daran zu nagen. Innerhalb weniger Minuten war der Löwe frei und glücklich.

»Vielen Dank! Du bist ein echter Freund!«, sagte der Löwe begeistert und umarmte seinen kleinen Freund.

»Siehst du: Ich bin zwar klein, doch ich kann ein großartiger Freund sein«, sagte der Mäuserich zum Löwen und sie zogen gemeinsam davon.

Ejercicios --

1 ¿Verdadero (V) o falso (F)?
Wahr oder falsch?

1. El león estaba disfrutando de un merecido descanso.
2. El ratón cantaba y silbaba porque no había visto al león.
3. El león siempre come animalitos pequeños de postre.
4. El ratón estaba recogiendo nueces para el león.
5. Un día, el león cayó en la trampa de unos cazadores.
6. El ratón le salvó la vida al león.

2 Escoge la preposición correcta:
Wähle die richtige Präposition:

1. El león abrió la boca, dejando **en / a** la vista sus enormes y afilados dientes.
2. **A / Tras** una mañana de caza, el león disfrutaba **de / con** un merecido descanso.
3. No se había percatado **por / de** la presencia del león.
4. ¿**A / De** qué me serviría tenerte como amigo?
5. Si alguna vez estás **con / en** peligro, te ayudaré encantado.
6. El ratón saltó **por / de** alegría y saludó amablemente **al / con el** león.

3 Completa las frases con las siguientes palabras:
Vervollständige die Sätze mit den angegebenen Wörtern:

trampa / roedor / pesar / atrapado
zarpas / cazadores / nueces / pequeñajo

1. El ratón estaba recogiendo _____ para el invierno.
2. El león lo agarró con una de sus temibles _____ .
3. El león había caído en la _____ de unos _____ .
4. A _____ de ser pequeño, puedo ser un gran amigo.
5. "¡Qué _____ más gracioso!", se rió el león
mientras posaba al _____ en el suelo.
6. El león estaba _____ en una red.

4 Combina las columnas:
Verbinde die Spalten:

1. Hoy es tu día de   a. cola
2. Ratoncito, eres un   → b. suerte
3. El león agarró al ratón por la   c. segura
4. El ratón escucho un ruido a lo   d. roerla
5. El león esperaba una muerte   e. inconsciente
6. Se acercó a la red y empezó a   f. lejos

Soluciones

Ejercicio 1: 1-V, 2-V, 3-F, 4-F, 5-V, 6-V
Ejercicio 2: 1-a, 2-Tras, de, 3-de, 4-De, 5-en, 6-de, al
Ejercicio 3: 1-nueces, 2-zarpas, 3-trampa, cazadores, 4-pesar, 5-pequeñajo, roedor, 6-atrapado
Ejercicio 4: 1-b, 2-e, 3-a, 4-f, 5-c, 6-d

Notas

Notas